ISBN: 978-1-716-39452-2

Ilustraciones de la portada: Disco duro

Fecha de publicación: 16 de junio de 2017

Idioma: español, traducido del francés por DeepL

Copias de seguridad

Lionel Bolnet

Autor y auto-editor:

Lionel Bolnet

Distribuidor:

www.lulu.com

Tratado de "Respaldología"

"Aún no bien conocido por el público en general, el respaldo de las computadoras es un campo en rápido crecimiento que se hace eco del aumento de la pérdida de datos por parte de las empresas y los individuos. Para las empresas, el tema es comercial, mientras que para los individuos es sentimental."

Lionel Bolnet

Índice

Introducción

Los archivos están por todas partes. Aún inexistentes en tu vida, en los años 90, los archivos se han vuelto omnipresentes: localizados en tu teléfono móvil, en tu ordenador de sobremesa, en tu tablet, en tus consolas de juegos, en tus televisores, en las cajas de los proveedores de servicios de Internet, en tu cámara, en tu videocámara e incluso en tu coche.

Todos estos archivos contienen elementos íntimos, artísticos, confidenciales, profesionales, administrativos... Son virtuales y su existencia depende sólo del soporte material en el que se graban. Así, las amenazas del mundo físico se ciernen sobre los archivos del mundo virtual. Las amenazas son los riesgos incurridos por estos soportes físicos. Son innumerables, pero incluyen: robo, rotura, desgaste, fuego, pérdida.

Hoy en día, en el caso de un fallo de hardware de un equipo de computación, los comerciantes están felices de ayudarle a reequiparse vendiéndole un nuevo dispositivo. Pero a nadie parece importarle los archivos que había en él. Depende de usted, el usuario, preocuparse por esta pérdida. Pero a menudo el daño está hecho: un archivo perdido se pierde para siempre. Dependiendo de la causa de la pérdida, puede recurrir a empresas de recuperación de datos, pero el resultado no está garantizado y, por supuesto, es imposible si el dispositivo se pierde o es robado. La recuperación es una técnica que consiste en intentar recuperar datos eliminados de medios de almacenamiento sanos o dañados.

La copia de seguridad es un **procedimiento preventivo que tiene como objetivo anticipar** el trabajo de recuperación el día en que se produce un problema de pérdida de datos.

Mientras no haya problemas, da falsamente la impresión de ser inútil...

¿Por qué necesitamos hacer copias?

Una encuesta realizada por el especialista en protección de datos Acronis mostró que en 2015 menos de la mitad de los usuarios de computadoras hicieron copias de seguridad de sus archivos duplicados.

Esto significa que una de cada dos personas no teme perder sus archivos, o piensa que nunca sucederá. Esta es la aplicación del adagio "sólo le pasa a los demás".

De hecho, DEBE hacer una copia de seguridad de sus datos por varias razones. En primer lugar, no hay actualmente ningún soporte informático que garantice el 100% de fiabilidad de la retención de datos. Es decir que ningún dispositivo en el mercado es capaz de asegurar que nada borre sus datos. Por ejemplo, los discos duros, que representan la piedra angular del almacenamiento de archivos en el mundo (en 2017), son dispositivos robustos pero rompibles: son cajas metálicas que contienen discos superpuestos por brazos electromecánicos. Dejándolos caer desde más de dos metros de altura, seguramente se romperán y perderán sus datos.

Figure 1 : Un disco duro es un objeto compuesto por platos rígidos de aluminio, cerámica o vidrio. Por lo tanto, pueden romperse.

La caída no es el único peligro para un disco duro: los discos duros también pueden ser destruidos por el calor o la humedad excesivos. De hecho, un disco duro sumergido en agua tendrá pocas posibilidades de volver a funcionar. Después de estos tres tipos de desastres, puede llevar el disco duro defectuoso a un laboratorio de recuperación de datos: estas empresas hacen todo lo posible por desatornillar los discos duros para restaurar la mayor cantidad de datos posible. Por supuesto, a veces no se puede recuperar nada.

Tomemos el ejemplo de otro medio: las tarjetas SD que se encuentran en las cámaras son tan frágiles que, si las rompes doblándolas por la mitad con los dientes, su contenido se borrará por completo.

Figure 2 : Al igual que los discos duros, las tarjetas SD no son inmortales. Pueden romperse, quemarse. Sin embargo, son muy resistentes a la humedad y a las heladas.

Además de estas causas de destrucción del hardware, también hay causas de destrucción del software. Incluso si un medio de almacenamiento está en buenas condiciones, los archivos que contiene pueden ser objeto de pérdida o eliminación, ya sea voluntaria o involuntaria.

Figure 3 : Ilustración de "furia informática": una crisis nerviosa causada por las computadoras.

Probablemente te has arrancado el pelo repitiendo "oh no, oh no, oh no no no no" cuando accidentalmente has borrado o modificado un archivo. Si, además, este archivo es un documento de 145 páginas que usted acaba de escribir y que nadie en el mundo tiene una copia del mismo, el desastre es total. Hay una multitud de riesgos de supresión o modificación involuntaria:

- Un niño jugando en el ordenador de un adulto,
- Un archivo que se borra sin pedir permiso a su cónyuge,
- Un virus que encripta todos tus archivos.

Los virus que encriptan todos los archivos son cada vez más comunes. En el año 2017 se propagó este tipo de virus, que se conoce como "ransomware". El principio es maquiavélico: cuando tu ordenador se infecta con un programa de rescate, empieza a encriptar todos tus archivos con una contraseña que no podrás adivinar. Todo está encriptado: MP3, fotos, videos de los niños en Disneyland, nóminas escaneadas, PDF, documentos de Excel para enviar a tu jefe al día siguiente a primera hora de la mañana...

Los piratas utilizaron una laguna descubierta por la inteligencia de EE.UU. 150 países se vieron afectados. En Francia, donde Renault se vio obligada a detener la producción en ciertos sitios, la fiscalía abrió una investigación.

Los hackers aparentemente han explotado una laguna en los sistemas Windows, revelada en documentos pirateados de la agencia de seguridad estadounidense NSA. Esto le dio a Edward Snowden la oportunidad de castigar aún más a su antiguo empleador. [...] Poco después de que esta laguna se hiciera pública, Microsoft publicó una solución para prevenir los ataques, pero muchos sistemas obviamente no fueron actualizados por sus usuarios, que fue utilizada por los hackers que vieron la laguna como una grande y escribieron su demanda de rescate (la que aparece en la pantalla de las víctimas y la bloquea) en 17 idiomas. [...] El software utilizado por los hackers bloquea los archivos de los usuarios y les obliga a pagar una suma de dinero en forma de monedas de bits para recuperar su uso. Esta práctica se llama "rescate" y se está volviendo cada vez más común. "200.000 víctimas en al menos 150 países" (director de la Europol): esta es la última evaluación, el domingo al mediodía. [...]

Figure 4 : Extracto de un artículo publicado el 13/05/2017 (en https://www.lesechos.fr)

El programa de rescate le dará unas 48 horas para ser dirigido a un sitio web de pago de rescate. Entonces tendrá que desbloquear una contraseña que desbloqueará sus documentos. Por supuesto, a veces, incluso una vez que el rescate ha sido pagado, sus archivos permanecen bloqueados. Sería demasiado fácil de otra manera.

Los expertos en seguridad son inflexibles: en caso de un ataque de rescate, no tienes que pagar el rescate. Por un lado, porque no estarías seguro de obtener la contraseña de desencriptación y por otro lado porque animará a otros criminales a entrar en este nicho. Necesitas formatear el ordenador infectado, reinstalar el sistema operativo y traer de vuelta tus archivos de su copia de seguridad no infectada más reciente. Este es el típico procedimiento de "reinicio desde cero".

Figure 5 : Para seguir los pasos 1 y 2 del proceso de recuperación, es posible que necesite la ayuda de un amigo conocedor de computadoras o de un reparador. Pero el paso 3 sólo puede ser hecho por ti, siempre y cuando, por supuesto, tengas una copia de segurida

¿Qué debería ser respaldado?

Una vez convencido de que necesita hacer una copia de seguridad de sus archivos, la siguiente pregunta es qué perímetro proteger. Retrocede con cuidado: ni mucho, ni poco.

En un ordenador, hay dos tipos de archivos:

- Archivos del "sistema".
- Los archivos de "usuario".

Copia de seguridad del sistema

Los archivos de sistema son los que permiten que el sistema operativo (Windows, MacOS, etc.) funcione. Son importantes, pero respaldarlos significa saber cómo restaurarlos en caso de desastre. Se reconocen los archivos de sistema por sus extensiones poco conocidas como ".ini", ".exe", ".dll", ".inf".

Pero también puedes encontrarlos en los árboles de Windows poco frecuentados:

- C:\Program Files

- C:\Program Files (x86)
- C:\Windows

¿Debería hacer una copia de seguridad de esos? Si. Puedes hacer una copia de seguridad, pero ten cuidado: generalmente se aconseja no tocar estos archivos. Es mejor no leerlos ni modificarlos.

Además, si los guardas con un simple copiar y pegar, no significa en absoluto que puedas reinstalar Windows o un programa desde su copia de seguridad. Los archivos de sistema son más complicados que eso.

Hacer una copia de seguridad de su sistema significa crear una imagen precisa del ordenador que está utilizando para que pueda volver a ponerse en pie si un día se infecta con virus o se vacía completamente de su contenido por una razón u otra. La copia de seguridad de su sistema incluye tanto archivos de sistema como de usuario.

El siguiente tutorial sólo se refiere a ordenadores con Windows 7, 8 o 10.

En primer lugar, ¿para qué se utilizará la "imagen del sistema"? Tal vez nunca se use o tal vez te ahorre muchos problemas. De hecho, la imagen del sistema es una copia de seguridad de todo su ordenador de la A hasta la Z.

Si está leyendo este párrafo, le aconsejo que planifique una sesión de copia de seguridad de su imagen de sistema en los próximos días.

Paso 1: Liberar espacio en el disco borrando lo que no es necesario en el ordenador. Por ejemplo, vaciar la papelera de reciclaje, desinstalar programas que no sirven. Todo esto es para reducir el tamaño futuro de la imagen del sistema que planeas construir.

Segundo paso: es aconsejable realizar un análisis completo de su sistema con un antivirus. Sería una lástima crear una imagen del sistema que contenga un virus. De lo contrario, el lobo estaría en el redil el día en que se restaure el ordenador.

Paso 3: Toma un medio de almacenamiento externo como un disco duro externo, una gran memoria USB o DVD-R e insértalo en el ordenador para hacer una copia de seguridad. Compra otro si su capacidad es demasiado pequeña.

Pasemos ahora a la creación de la imagen del sistema en sí.

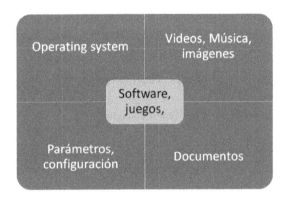

Figure 6 : ¡La imagen del sistema probablemente pesará mucho! Contendrá absolutamente todo su ordenador en un formato utilizable en caso de restauración.

Vaya a la herramienta propuesta por Windows con estos pasos: Panel de control > Sistema y seguridad > Copia de seguridad y restauración (Windows 7).

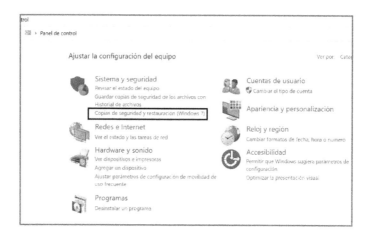

Figure 7 : Panel de control

Luego haga clic en "Crear una imagen de sistema".

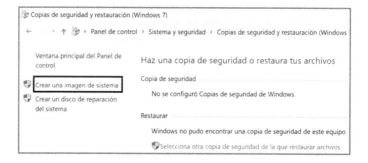

Figure 8 : El software de copia de seguridad y restauración. También se llama "Windows 7", lo que es bastante confuso considerando que esta captura se ha hecho en Windows 10.

Es hora de que conectes cualquier dispositivo USB que quieras usar para esta copia de seguridad: Unidad flash USB, SSD externo, disco duro externo.

Ahora Windows buscará automáticamente dispositivos externos, es decir, cualquier medio de almacenamiento que no sea la partición actual de su sistema Windows (es decir, todo excepto la partición C:/). Entre las propuestas, elija bien el medio de almacenamiento que desee. Asegúrate de que tiene suficiente capacidad, es decir, una capacidad cercana a la que ocupa tu partición C:.

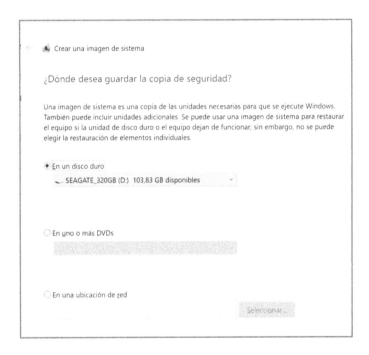

Figure 9 : Selección del dispositivo para almacenar la copia de seguridad

No se recomienda guardar la imagen del sistema en otra partición del mismo disco interno. De hecho, ¿cómo podría ayudarle este disco si todo el ordenador está inundado de virus o si muere en algún accidente? Sea prudente: elija un dispositivo **externo**.

Luego Windows le preguntará qué particiones desea guardar. Una o más de ellas ya estarán comprobadas y serán imposibles de desmarcar. Es aconsejable comprobar también las otras.

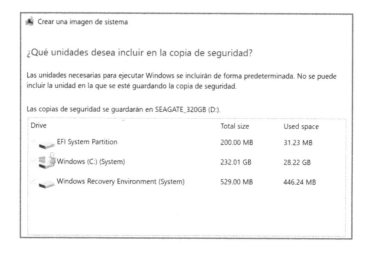

Figure 10 : La selección de las unidades para la copia de seguridad

En este punto, Windows calcula para usted el espacio requerido y el espacio disponible para realizar la operación. Esto se indica en la parte inferior del cuadro. Si el espacio requerido es menor que el espacio disponible, la operación es factible.

Haga clic en Siguiente para ver la ventana de confirmación:

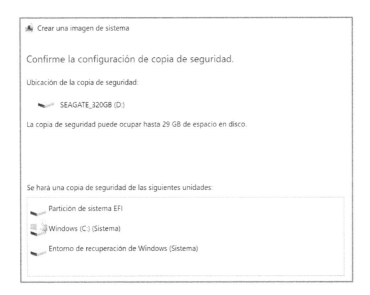

Figure 11 : Confirmación

Ahora, piense cuidadosamente en lo que está haciendo porque la operación llevará mucho tiempo, así que si no es el momento adecuado, pospóngalo para otro momento.

Entonces, cuando estés listo, haz clic en "Iniciar copia de seguridad". Ahora tenga paciencia.

Figure 12 : Espere el final de la copia de seguridad. Puede durar varios minutos, o incluso horas.

Una vez creada la imagen del sistema, verás esto:

Figure 13 : El final

Windows te hace una pregunta difícil. Le preguntan si desea crear un disco de reparación. En mi opinión, esta pregunta es particularmente estúpida. En primer lugar, el disco de reparación del sistema puede hacerse en cualquier otro momento. En segundo lugar, muchos ordenadores no tienen una grabadora de CD. Por lo tanto, podría terminar así:

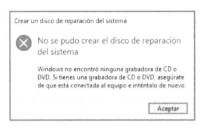

Figure 14 : Este mensaje no es importante en absoluto. Sólo significa que no tienes una grabadora de CD. Recuerda que esta herramienta se desarrolló en una época en la que los CD eran comunes.

En el medio seleccionado, podrás ver la existencia de una nueva carpeta llamada WindowsImageBackup. Si la ingresas, no verás nada habitual como archivos. Esos archivos son la imagen de su sistema. No puedes abrirlos.

4bb23229-a07b-4147-99ee-e838463cb8a9 v...	24/11/2020 18:57	Archivo de imagen	485.376 KB
a1b33ae0-41c3-4246-bb25-446904b77508 v...	24/11/2020 18:57	Archivo de imagen	25.315.328 KB
BackupSpecs.xml	24/11/2020 18:57	Documento XML	2 KB
ceb87ddf-0a5c-4add-bb13-187456e01cc0_...	24/11/2020 18:57	Documento XML	1 KB
ceb87ddf-0a5c-4add-bb13-187456e01cc0_...	24/11/2020 18:57	Documento XML	17 KB
ceb87ddf-0a5c-4add-bb13-187456e01cc0_...	24/11/2020 18:57	Documento XML	7 KB
ceb87ddf-0a5c-4add-bb13-187456e01cc0_...	24/11/2020 18:57	Documento XML	9 KB
ceb87ddf-0a5c-4add-bb13-187456e01cc0_...	24/11/2020 18:57	Documento XML	2 KB
ceb87ddf-0a5c-4add-bb13-187456e01cc0_...	24/11/2020 18:57	Documento XML	2 KB
ceb87ddf-0a5c-4add-bb13-187456e01cc0_...	24/11/2020 18:57	Documento XML	3 KB
ceb87ddf-0a5c-4add-bb13-187456e01cc0_...	24/11/2020 18:57	Documento XML	9 KB
ceb87ddf-0a5c-4add-bb13-187456e01cc0_...	24/11/2020 18:57	Documento XML	6 KB
ceb87ddf-0a5c-4add-bb13-187456e01cc0_...	24/11/2020 18:57	Documento XML	9.158 KB
Esp.vhdx	24/11/2020 18:57	Archivo de imagen	57.344 KB

Figure 15 : Archivos contenidos en WindowsImageBackup

Esta operación de creación de la imagen de sistema debe realizarse regularmente porque, de mes en mes, de año en año, la imagen de sistema perecerá, es decir, su contenido se alejará cada vez más del contenido real de su ordenador. Por lo tanto, trate de programar este tipo de operación de vez en cuando.

Copia de seguridad de los archivos de usuario

A diferencia de los archivos de sistema, los archivos de usuario son los que se ven y modifican a diario. Se pueden clasificar en 4 subcategorías:

- Los videos
- La música,
- Las fotos,
- Los documentos.

Documents   Images   Musique   Vidéos

Figure 16 : Puedes clasificar tus archivos en cuatro subcategorías. Si sus archivos no están bien organizados en estas 4 carpetas, es aconsejable limpiar un poco antes de pensar en hacer una copia de seguridad.

Ahora veamos la copia de seguridad de los archivos de los usuarios. Estos son archivos que son importantes y valiosos para usted por una variedad de razones:

Las fotos son generalmente irremplazables. Hoy en día, poca gente guarda todas sus fotos en álbumes de papel y cartón como lo hacía en el pasado. Desde la llegada de las cámaras digitales, abrumados por la gran cantidad de fotografías digitales, la mayoría de la gente mantiene sus fotos sólo en formato electrónico. Estas fotos pueden tener una importancia emocional y sentimental muy fuerte. Por eso es que salvar fotografías es un asunto importante.

Alguien roba su ordenador con fotos de su marido muerto: su familia hace una llamada en Facebook.

La familia de una enfermera espera recuperar un ordenador robado en Roubaix. Contiene fotos preciosas: las de su recientemente fallecido esposo. El domingo, la sobrina de la víctima del robo lanzó esta llamada en Facebook (fue retransmitida por La Voix du Nord). Objetivo: encontrar el ordenador robado el domingo por la tarde en su coche aparcado en la calle de la Esperanza, cerca del museo La Piscine de Roubaix. La enfermera cometió el error de dejar su ordenador en el coche. "Las ventanas están tintadas", le dijo a la Voz del Norte. En el Macbook robado hay fotos de su marido, que murió hace tres meses. Preciosos recuerdos que desearía poder conservar. También contiene cursos para estudiar para los próximos exámenes. "Es toda mi vida", dijo la víctima en el diario regional. [...]

Figure 17 : Extracto de un artículo publicado el 04/04/2017 (en http://france3-regions.francetvinfo.fr/)

Sin embargo, para los videos y la música, el caso es diferente. Son raros los videos o piezas de música que tienen un valor sentimental. De hecho, con el declive de la videocámara, la tendencia a almacenar videos familiares ha disminuido enormemente. Pero no importa cuántos sean: también deben ser respaldados. Por otro lado, todavía es posible tener una bonita biblioteca multimedia de MP3 o DIVX. Perder estos archivos sería como perder una colección de CD o DVD. La era actual no es muy propicia para el almacenamiento de archivos de música y video desde la democratización del

VOD, el streaming legal, Spotify, YouTube, etc. Pero si los tienes, tal vez quieras mantenerlos en un lugar seguro.

Los documentos en el sentido más amplio son todos los formatos de archivos de texto como Word, Excel, Powerpoint, HTML o PDF. Normalmente se escriben en el teclado. Su importancia varía de un archivo a otro. Estos archivos pueden tener un valor sentimental (como una carta escaneada o un poema autocompuesto). Y también pueden ser importantes por un motivo administrativo (nómina, aviso fiscal, comprobante de domicilio, facturas) o profesional (informe, expediente técnico, etc.)

Por último, aunque esta tecnología es de poco interés para muchos usuarios, BitCoin es una moneda monetaria que sólo tiene una existencia digital. Esta moneda se almacena en una cartera electrónica guardada en un archivo con extensión ".dat". Estos archivos tienen entonces un verdadero valor monetario.

Al tirar su viejo ordenador, pierde más de 7 millones de dólares en Bitcoin.

Cuando tiró su disco duro a la basura, James Howells no imaginó que un día valdría millones... Para el hombre, que trabaja en la alta tecnología, era sólo un viejo pedazo de un ordenador en el que había derramado una bebida. El disco duro había estado guardado en un cajón de su escritorio durante tres años, mientras que las otras partes de la máquina que podían ser de cualquier valor habían sido revendidas. James Howells había terminado olvidando incluso su contenido, "distraído por la vida familiar y una mudanza", dijo a la BBC. En 2013, clasificando toda su vieja tecnología, la tiró sin pensarlo dos veces, pensando que ya había hecho una copia de seguridad de los datos esenciales. [...]

Figure 18 : Extracto de un artículo publicado el 29/11/2013 (en http://www.latribune.fr)

oficina, sólo el usuario de un ordenador puede saber lo que le interesa y, por lo tanto, necesita una copia de seguridad. Por ejemplo:

- Tarjetas de la lista de contactos,
- Correos electrónicos,
- URLs favoritas,
- BitCoin,
- Objetos en 3-D,
- Juegos de videojuegos.

Si utiliza un ordenador con Windows 10, puede ver las categorías de archivos predefinidas por Microsoft en el directorio con su nombre de usuario:

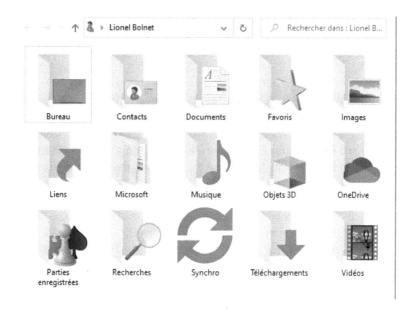

Figure 19 : Windows es bueno para hacer que sus usuarios organicen sus archivos.

¿Cuándo debo hacer las copias?

Una copia de seguridad es una instantánea de tus archivos en un momento dado. Tus archivos viven en tu ordenador. Cada día, los creas, los modificas, los borras, los mueves, los renuevas. Cuanto más tiempo transcurra entre la última copia de seguridad y la actual, más se considerará obsoleta la copia de seguridad.

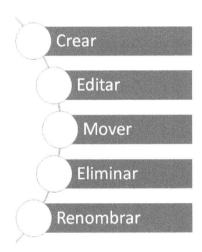

Figure 20 : Las cinco acciones que mantienen vivos los archivos de una computadora.

La regularidad con la que haces copias de seguridad de tus archivos se llama frecuencia de copia de seguridad. Depende de ti elegirlo teniendo en cuenta estos dos principios:

- Una frecuencia de copia de seguridad demasiado alta consume muchos recursos, es decir, espacio en el disco, velocidad del Wifi, memoria RAM y velocidad del disco duro. En términos simples, podemos decir que, con cada copia de seguridad, probablemente ralentizarás toda tu computadora y la conexión de red.

- Por otra parte, una frecuencia de copia de seguridad demasiado baja no le protegerá suficientemente en caso de recuperación de datos. Por ejemplo, si haces una copia de seguridad de tus archivos cada dos días del mes y tu ordenador se bloquea el día 22, ¡la copia de seguridad no contendrá lo que has estado haciendo durante 20 días!

Por lo tanto, es un compromiso entre los recursos y la necesidad de estar al día sobre el que todos deben reflexionar.

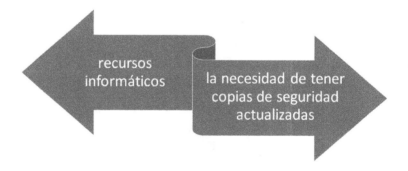

Figure 21 : Elija sabiamente su frecuencia de reserva

Obsérvese que la alta frecuencia es deseable pero difícil de lograr en algunos casos. Por ejemplo, en el caso de una copia de seguridad en un disco duro externo conectado a un USB, la copia de seguridad sólo puede realizarse cada vez que el usuario conecta el disco duro externo. Bajo estas condiciones tan "manuales", es difícil imaginar una frecuencia de reserva de más de una vez al día.

Con algunas tecnologías, por ejemplo, la nube, es posible obtener una frecuencia de copia de seguridad permanente, es decir, que los archivos siempre son respaldados inmediatamente después de ser creados o modificados, en tiempo real.

Caliente, tibio y frío

Los archivos que consulta y modifica durante todo el año se almacenan principalmente en su ordenador: son los originales de su patrimonio digital. Viven, se modifican, se eliminan y se añaden constantemente. Por lo tanto, pueden considerarse "**calientes**".

Si utiliza una solución de copia de seguridad en línea, es decir, disponible en cualquier momento, a través de la red informática a la que está conectado su ordenador, puede configurar una frecuencia de actualización de la copia de seguridad bastante alta (1 día, 1 hora o incluso en tiempo real). Esta copia de seguridad, que sigue de cerca las variaciones de los archivos originales, puede describirse como "**tibios**". Los archivos son, en pocos minutos u horas, réplicas idénticas de los archivos "calientes".

Por último, si guardas en una solución de copia de seguridad fuera de línea, es decir, una que no está conectada a tu red de ordenadores, esta copia de seguridad puede describirse como "**fría**". Tenga en cuenta que la ventaja de la copia de seguridad en frío es que no puede ser infectada por un virus, ya que no está conectada a la red. Se llama acertadamente frío: los medios no están conectados eléctricamente excepto en el momento de las copias de seguridad.

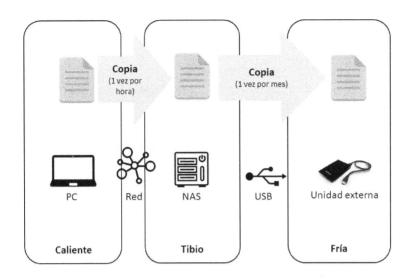

Figure 22 : Ejemplo de una instalación con dos sistemas de copia de seguridad sólo para los archivos de usuario.

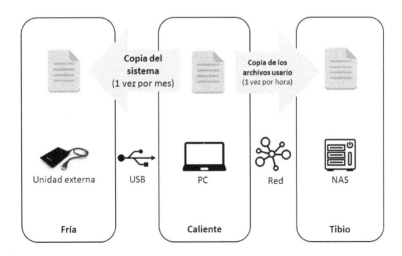

Figure 23 : Ejemplo de copias de seguridad de los archivos usuario y del sistema

Puedes decidir tus propias frecuencias de respaldo dependiendo de tus necesidades y tu hardware. Esos son ejemplos:

NOMBRE	ALCANCE	FRECUENCIA	APOYO
CALIENTE	Sólo archivos de usuario	Cada hora	NAS o Nube
FRÍO	Todo el sistema	Cada mes	Disco duro externo

O, para ser aún más asiduo:

NOMBRE	ALCANCE	FRECUENCIA	APOYO
CALIENTE	Sólo archivos de usuario	Cada 15 minutos	NAS o Nube
FRÍO	Todo el sistema	Cada 10 días	Disco duro externo

El versionado

La gestión de versiones es parte del arte de la copia de seguridad. De hecho, hay dos maneras de hacer una copia de seguridad de un archivo: la primera consiste en hacer regularmente una copia de seguridad de un archivo borrando la versión anterior de este archivo cada vez. El segundo método, más útil, consiste en guardar cada nueva versión de un archivo, de hecho, permitiendo al usuario retroceder en el tiempo si desea encontrar lo que busca en la historia pasada del archivo.

Nom	Modifié le	Type	Taille
Sauvegarder ses fichiers EN-US.docx 2020-11-21 034501.docx	20/11/2020 20:34	Document Micros...	6 383 Ko
Sauvegarder ses fichiers EN-US.docx 2020-11-21 113501.docx	21/11/2020 03:44	Document Micros...	13 184 Ko
Sauvegarder ses fichiers EN-US.docx 2020-11-21 125501.docx	21/11/2020 03:45	Document Micros...	13 184 Ko
Sauvegarder ses fichiers EN-US.docx 2020-11-23 015501.docx	21/11/2020 12:50	Document Micros...	6 591 Ko
Sauvegarder ses fichiers EN-US.docx 2020-11-23 021501.docx	23/11/2020 01:51	Document Micros...	6 591 Ko
Sauvegarder ses fichiers EN-US.docx 2020-11-23 140501.docx	23/11/2020 02:08	Document Micros...	6 591 Ko
Sauvegarder ses fichiers EN-US.docx 2020-11-23 141501.docx	23/11/2020 13:57	Document Micros...	6 592 Ko
Sauvegarder ses fichiers EN-US.docx 2020-11-23 143501.docx	23/11/2020 14:05	Document Micros...	6 592 Ko
Sauvegarder ses fichiers EN-US.docx 2020-11-23 144501.docx	23/11/2020 14:30	Document Micros...	6 591 Ko
Sauvegarder ses fichiers EN-US.docx 2020-11-23 145501.docx	23/11/2020 14:44	Document Micros...	6 461 Ko
Sauvegarder ses fichiers EN-US.docx 2020-11-23 150501.docx	23/11/2020 14:51	Document Micros...	6 460 Ko
Sauvegarder ses fichiers EN-US.docx 2020-11-23 152501.docx	23/11/2020 14:58	Document Micros...	6 460 Ko
Sauvegarder ses fichiers EN-US.docx 2020-11-23 153501.docx	23/11/2020 15:18	Document Micros...	6 278 Ko
Sauvegarder ses fichiers EN-US.docx 2020-11-23 154501.docx	23/11/2020 15:28	Document Micros...	6 212 Ko
Sauvegarder ses fichiers EN-US.docx 2020-11-23 164501.docx	23/11/2020 15:43	Document Micros...	4 441 Ko
Sauvegarder ses fichiers EN-US.docx 2020-11-23 165501.docx	23/11/2020 16:05	Document Micros...	4 441 Ko
Sauvegarder ses fichiers EN-US.docx 2020-11-23 170501.docx	23/11/2020 16:52	Document Micros...	4 187 Ko
Sauvegarder ses fichiers EN-US.docx 2020-11-23 175501.docx	23/11/2020 17:04	Document Micros...	4 187 Ko
Sauvegarder ses fichiers EN-US.docx 2020-11-24 143500.docx	23/11/2020 17:09	Document Micros...	4 188 Ko
Sauvegarder ses fichiers EN-US.docx 2020-11-24 145500.docx	24/11/2020 14:33	Document Micros...	4 231 Ko
Sauvegarder ses fichiers EN-US.docx 2020-11-24 151500.docx	24/11/2020 14:52	Document Micros...	4 249 Ko

Figure 24 : Este libro ha sido guardado regularmente durante su escritura. Todas las versiones se guardan en el dispositivo de copia de seguridad.

Debido al versionado, uno debe esperar un medio de almacenamiento que necesita más capacidad que el dispositivo de origen de los archivos.

¿En qué?

Docenas de medios de respaldo de archivos existen y han existido en el pasado. Vamos a pasar a través de ellos.

La cinta magnética

En la historia de la informática, la primera forma de soporte de datos fue la cinta magnética.

Figure 25 : Heredada de las cintas magnéticas de audio, la cinta magnética de ordenador todavía existe en 2017 como método de respaldo de datos, especialmente en los bancos.

La cinta magnética de ordenador, que apareció en los años 50, tenía dos grandes intereses:

- Para un almacenamiento igual, era considerablemente más barato que los discos duros.

39

- Resiste bien el clima.

De hecho, desde los comienzos de la informática en la década de 1950, quedó claro que los discos duros eran demasiado caros y almacenaban muy poca información para ser considerados como medios de respaldo.

Funciona de la siguiente manera: una vez al día, todos los archivos informáticos se copian en un rollo de cinta magnética y luego se almacenan en un armario protegido contra las inundaciones, el fuego, el moho y la radiación magnética. Por lo tanto, es un respaldo "frío".

Figure 26 : Los datos de una cinta generalmente provienen de un disco duro

Pero hay una gran diferencia entre los discos duros y las cintas magnéticas. Los discos duros son almacenamiento en línea mientras que las cintas magnéticas son almacenamiento fuera de línea.

Esto significa que un archivo almacenado en un disco duro puede, en principio, ser leído inmediatamente a petición. Mientras que los datos grabados en una cinta requieren primero una acción mecánica (que puede ser realizada por una persona o por un robot) antes de que su contenido pueda ser leído. Para entenderlo mejor, toma la analogía entre un programa de Netflix y un DVD. Para reproducir una película en Netflix, sólo tienes que hacer clic y esperar dos segundos, así que para reproducir un DVD tendrías que levantarte, buscar la tapa del DVD en un estante, abrir la tapa, sacar el DVD, abrir la puerta del reproductor, etc...

Las cintas siguen existiendo en ciertos sectores, como la banca, pero no son adecuadas para usos que requieren capacidad de respuesta, como la web, los juegos en línea, los correos web, las plataformas de vídeo como YouTube, etc.

El disquete

Continuemos esta historia de los medios de respaldo con los disquetes.

Figure 27 : Disquetes de 3.5 pulgadas. Formato de almacenamiento nómada preferido entre 1984 y alrededor de 2000.

El disquete era un dispositivo de almacenamiento utilizado durante un puñado de años para guardar archivos para dárselos a alguien o para guardarlos.

Hoy en día, el disquete ya no existe en las estanterías de las tiendas porque sufría de varias desventajas que son inaceptables hoy en día: una capacidad de almacenamiento limitada a 1,44 megabytes (que es más o menos el tamaño de una sola foto tomada con un teléfono inteligente en estos días). Y, sobre todo, el disquete era frágil y podía dejar de funcionar o perder sus datos sin ninguna explicación.

El CD grabable

Uno de los productos que ha sustituido al disquete es el CD-R/RW, que en el lenguaje común es el CD grabable.

Figure 28 : Una pila de CD-R (Disco Compacto Grabable).

El CD grabable ha sido el formato de almacenamiento de toda una generación. Más fuerte que el disquete, más rápido de leer, contenía muchos más datos que su ancestro, el disquete. Unos 700 megabytes en lugar de 1,44 MB.

Su período de gloria está entre 2000 y 2010.

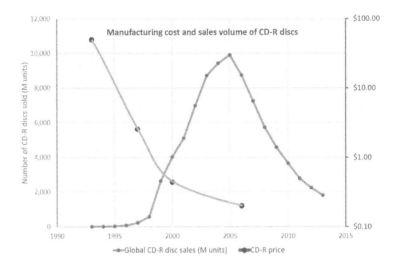

Figure 29 : El CD grabable tuvo su hora de gloria en 2005: casi 10 mil millones de CD-R fueron grabados ese año.

El CD-R pronto se convirtió en una forma fácil de dar una película, una carpeta de fotos o MP3 de mano en mano. Quemar un CD fue un gesto de moda: los adolescentes eran los mayores consumidores. Era el medio de transferencia por excelencia.

El CD también actuó como medio de respaldo porque sólo tenías que grabar tus archivos más importantes y luego poner el CD en una funda para asegurar su preservación a largo plazo.

Sin embargo, los científicos que estudiaban la oblea de plástico comenzaron a dar la alarma alrededor del año 2000 de que la estructura física de los CD-R (Disco Compacto Grabable), especialmente los de nivel básico, no es lo suficientemente fiable como para retener datos durante un largo período de tiempo.

¡Los CD y DVD grabables son muy malos medios de archivo!

Les confiamos películas y fotos, informes y cartas, contabilidad y archivos. Sin embargo, los discos ópticos grabables están lejos de ser invulnerables. En el Laboratorio Nacional de Metrología y Ensayos (LNE), [...] los especialistas analizan desde hace varios años la resistencia al desgaste de los CD-R, discos ópticos digitales en versión grabable. Presentados como soportes fiables e incluso fuertes, estos discos, R (grabables una vez) o RW (reescribidle a voluntad) son de hecho más resistentes que los viejos disquetes o cintas magnéticas. Estos discos son ideales para el almacenamiento mensual o anual. ¿Pero qué hay del archivo a largo plazo? ¿Cómo envejecerán? Los torturadores del LNE han ideado todo tipo de pruebas para simular la indignación de años e incluso décadas. En el menú hay temperaturas altas, muy bajas o altamente fluctuantes, condiciones extremas de humedad e inundaciones ultravioletas. Los resultados de estos experimentos de envejecimiento acelerado fueron inmediatamente bastante sorprendentes. La resistencia parece variar mucho de una marca a otra, pero también de un modelo a otro. Las altas temperaturas son particularmente dañinas, así como la exposición a la luz. Como los buenos vinos, los CD-R y otros DVD-RW se guardan mejor en un lugar fresco y sombreado... El LNE también ha observado que la degradación es mayor en la periferia del disco (donde se encuentran los últimos datos grabados) que cerca del centro. Además, los registros están más dañados en el reverso de las inscripciones en tinta. Por otro lado, las palabras y dibujos impresos en la etiqueta pueden a veces, a la inversa, proteger los datos debajo... En general, la resistencia a largo plazo parece pobre. [...] El resultado no es nada tranquilizador. Mientras que los CD y DVD de audio y video se conservan muy bien, sus versiones R y RW sólo conservan los datos durante quince o veinte años para mejor, ¡los peores empiezan a perderlos después de sólo un año! [...]

Al final, la razón de la caída de las ventas de CD-R no está relacionada con su supuesta mala vida. Simplemente, como el disquete, los CD-R han sido suplantados por un invento posterior.

La memoria USB / lápiz USB

A principios de la década de 2000, un pequeño objeto entró gradualmente en los bolsillos del público en general. No cuesta mucho, no pesa nada, se desliza fácilmente por todas partes, no es frágil y es capaz de hacer lo que los CD no pueden: escribir, modificar y borrar archivos varias veces.

La primera memoria USB salió de los talleres de IBM en el 2000. Podría contener 8 megabytes de datos, mucho menos que un CD.

Figure 31 : Foto del DiskOnKey, la primera memoria USB del mercado.

Esta capacidad era diminuta, pero se explicaba de forma sencilla: su papel no era competir con el CD sino con el disquete. En este juego, la unidad flash USB estaba destinada a ganar porque 8 MB es más de 5 veces la capacidad de almacenamiento de un disquete. La memoria USB hizo posible grabar, borrar, modificar miles de veces sin descomponerse.

Por primera vez en la historia de la informática, un medio de almacenamiento no era ni óptico ni magnético. En efecto, la memoria USB contiene una memoria llamada "flash", es decir, una memoria compuesta por una multitud de pequeños transistores electrónicos. Este tipo de grabación es particularmente robusta. No teme al calor, al frío, a las caídas o a la radiación magnética.

En 2017, la memoria USB sigue siendo el objeto elegido para transportar datos fácilmente. Su precio en 2017 es de unos 10 euros por 16 Gigabytes de almacenamiento. La mayor capacidad del mercado en 2017 es una memoria USB de SanDisk de 128 Gigabytes a un precio de sólo 50 euros.

Figure 32 : SanDisk Cruzer Blade 128GB USB 2.0 Stick

¿Pero es una solución de respaldo interesante?

Para responder a esta pregunta, primero debemos diferenciar entre los términos "copia de seguridad" y "Preservación". La copia de seguridad es el hecho de tener un archivo duplicado (o un archivo triple, o más) para restaurarlo en caso de pérdida del archivo original.

El archivado es aún más delicado: es el concepto que asegura una conservación muy larga de un archivo. Si tienes una unidad flash USB que contiene todos tus documentos y la guardas en tu mesilla de noche, el día que tu ordenador se bloquee para siempre, todo lo que tienes que hacer es coger la unidad flash, insertarla en tu nuevo ordenador y ya está.

Pero a largo plazo, es más difícil garantizar el archivo. Esto se debe a que los lápices USB son de tamaño pequeño y por lo tanto fáciles de perder o robar. También tienen tendencia a romperse si se tuercen o si se sacan de los puertos USB de forma un poco brutal.

Figure 33 : Las memorias USB pueden romperse.

Especialmente porque los fabricantes han estado tan interesados en bajar el precio de las memorias USB para democratizarlas, que los materiales de fabricación son de mala calidad.

Pero como es mejor hacer una copia de seguridad de los archivos que no hacer nada, es una buena idea aconsejar a cualquiera que tenga miedo de perder sus archivos algún día que los ponga en una memoria USB y los guarde en un lugar seguro.

El disco duro externo

Un disco duro externo, como su nombre indica, es un disco duro que no está dentro de un ordenador. Generalmente es un estuche de plástico en el que se instala un disco duro de un portátil y del que sale un cable con un enchufe de tipo USB.

Estos dispositivos aparecieron discretamente en el mercado cuando los precios de los discos duros bajaron y especialmente cuando el puerto USB se hizo más accesible. Porque sin el puerto USB, el disco duro externo no podría haber sido inventado. Fue la velocidad de transferencia de datos del puerto USB lo que hizo posible el disco duro externo.

En 2017, este tipo de dispositivo costará alrededor de 80 euros por 2 terabytes (To), es decir, 2000 Gigabytes (GB).

Figure 34 : Un disco duro externo normalmente se conecta a un USB

Los discos duros externos son en realidad grandes unidades flash USB, pero su funcionamiento interno es radicalmente diferente: mientras que las unidades flash USB contienen memoria flash, los discos duros externos contienen discos rígidos superpuestos por brazos mecánicos. Por esta razón, son sensibles al clima y a las caídas. No es aconsejable dejar caer un disco duro externo sobre una superficie dura, ni dejar que se quede en el agua o en el frío.

Esta fragilidad es su única gran desventaja, porque de lo contrario los discos duros externos son conocidos por ser grandes medios de respaldo o de archivo.

Sabiendo que un disco duro externo tiene una garantía de 3 años (en funcionamiento) por parte de su fabricante, si lo utiliza sólo una hora por semana para hacer sus copias de seguridad, teóricamente puede vivir durante años sin causarle ningún problema. Siempre que no lo dañe.

También debes tener cuidado de que no te lo roben. Porque si salvas toda tu vida en un disco duro externo, debes asegurarte de que nadie se lleve tus archivos personales. Así que no lleves un disco duro externo en el metro o lo dejes en una mesa a la vista.

Network Attached Storage

El NAS es una solución que cada vez más personas están usando en casa.

Un servidor de almacenamiento conectado a la red (NAS), también conocido como Network Attached Storage (NAS), Network Attached Storage Enclosure, o simplemente NAS, es una computadora conectada a una red cuya función principal es el almacenamiento centralizado de archivos.

Por lo tanto, un NAS es un ordenador. No es un PC (Ordenador Personal) porque carece de varios accesorios que normalmente se asocian a un ordenador: no tiene ratón, ni teclado, ni pantalla, ni altavoces.

Figure 35 : Un NAS es un ordenador sin monitor, ratón, teclado y altavoces.

Por otro lado, un NAS tiene una placa madre, procesador, RAM, ventilador, uno o más discos duros, fuente de alimentación, tarjeta de red Ethernet y puertos USB. Así que un NAS no es sólo un dispositivo. Es un dispositivo autónomo.

La función principal de un NAS es almacenar archivos. Sin embargo, este tipo de dispositivos han desarrollado otras funciones secundarias a lo largo de los años.

Historia de los NAS

Los discos duros fueron inventados por IBM en 1956, pero sólo en 1983 el mundo de la informática comenzó a ofrecer un protocolo de comunicación que permite leer y escribir archivos en otra computadora a través de una red cableada: el "NetWare Core Protocol". Así, el primer NAS de la historia es el servidor "NetWare" de Novell.

Al año siguiente, en 1984, la compañía Sun Microsystems desarrolló un protocolo similar, NFS, que permite compartir archivos a través de una red. Entonces Microsoft también comenzó con el producto "LAN Manager".

A principios de los años 90, 3com y Auspex Systems fueron las primeras empresas en comercializar dispositivos NAS dedicados.

Poco a poco, la oferta va creciendo y todas las empresas y organizaciones están adquiriendo NAS para compartir archivos entre sus empleados. Los empleados son cada vez más disuadidos de guardar sus archivos "localmente", es decir, en su partición C, porque el NAS ofrece más flexibilidad para hacer copias de seguridad y compartir.

A principios de la década de 2000, el NAS fue presentado a los individuos. Toma la forma de un dispositivo que los proveedores de servicios de Internet llaman "caja". Las cajas son en realidad enrutadores + descodificadores de TV + NAS.

Precios

La NAS cuesta entre 300 y 400 euros en 2017.

Cableado

Un NAS es un dispositivo que está permanentemente conectado a su caja como se muestra en este diagrama:

PC   Router   NAS

Figure 36 : Los tres componentes de un moderno sistema de respaldo para el hogar

Como las cajas y el NAS son dispositivos que funcionan 24 horas al día, 7 días a la semana, se pueden hacer copias de seguridad cíclicas de su ordenador en segundo plano sin su intervención manual.

Si estás convencido de los beneficios del NAS, tendrás que dar algunos pasos para llegar allí.

Primero, necesitarás saber cuánta capacidad de almacenamiento necesitas. Por ejemplo, 1TB, 2TB o incluso 8TB. La capacidad de almacenamiento que elija debe anticipar sus necesidades futuras. Si hoy te falta 1 TB de espacio en el disco, elige 2 TB por adelantado.

A continuación, compara las marcas de los fabricantes de NAS. Hay al menos 4 que confían en el mercado.

- Sinología
- Western Digital
- QNAP
- Asustor

Cuidado con comprar un NAS con discos duros incluidos o te meterás en el trabajo de un mecánico de verdad para añadirle los discos duros.

En segundo lugar, la instalación de los SIN es un tema delicado. Son dispositivos muy simples en la superficie... excepto el día en que se instalan. Dado que cada modelo funciona de manera diferente, es imposible en este libro detenerse en los pasos involucrados en la instalación de un NAS casero. Pero aquí están los pasos generales:

1. Conecta el NAS a la caja con un cable de red comúnmente suministrado.
2. Conecta el NAS al enchufe de la pared.
3. Siga el manual de "Primeros Pasos" que se incluye en el paquete.
4. Haga copias de seguridad cíclicas de los ordenadores de casa.

Los respaldos cíclicos son la razón principal por la que una persona quiere adquirir un SIN. O bien el fabricante del NAS proporciona las herramientas de copia de seguridad cíclica o tendrá que descargar más.

- La herramienta de respaldo cíclico de Western Digital se llama *WD Sync*.
- El QNAP se llama *QNAP NetBak Replicator*.
- El de Asustor se llama *Plan de Respaldo*.
- Finalmente, el de Synology se llama *Cloud Station Backup.*

En general, estos productos le preguntarán qué archivos quiere respaldar, con qué frecuencia, y luego se aplicarán a hacer las copias de seguridad de forma silenciosa y regular.

Además, todos estos productos funcionan por medio de una copia de seguridad incremental, es decir, sólo hacen una copia de seguridad de los archivos que han cambiado desde la última copia de seguridad. Al hacerlo, cada copia de seguridad dura sólo unos segundos.

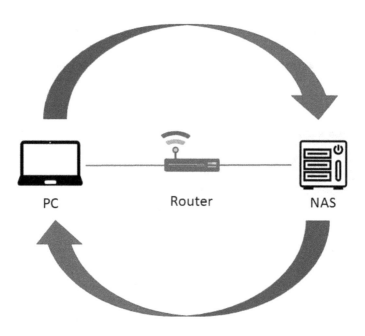

Figure 37 : El PC y el NAS intercambian archivos regularmente para tener archivos idénticos

Finalmente, desde hace unos años, los SIN han estado llegando a las nubes. De hecho, con casi todos los NAS, ahora es posible acceder a sus archivos fuera de casa gracias a una conexión segura a través de la caja de su casa.

- En Western Digital, el sistema se llama "MyCloud".
- En Synology es "Cloud Sync".
- En Asustor es "miasustor".
- En QNAP es "mi nube QNAP".

Así que tus archivos se vuelven accesibles en cualquier parte del mundo.

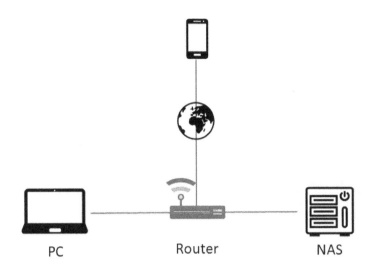

PC   Router   NAS

Figure 38 : Su NAS es accesible desde fuera de su casa

El smartphone

Seamos muy directos: un smartphone no puede considerarse en absoluto como un lugar de almacenamiento fiable para sus archivos.

Un teléfono inteligente es un dispositivo portátil, lo que significa que tiene un alto riesgo de pérdida, robo o rotura. Típicamente es un dispositivo "consumible": lo compras, lo dañas, lo dejas caer, lo pierdes, lo vuelves a comprar en un ciclo que dura de 12 a 18 meses.

Por esta razón, es necesario recordar guardar regularmente lo que está en él como fotos y videos. A veces las personas lloran como locas porque un amigo las ha empujado a una piscina con la ropa puesta y su smartphone se ha llenado de agua y no se enciende de nuevo, perdiendo más de seis meses de fotos. No seas como esta gente.

Figure 39 : Un teléfono inteligente no es un almacenamiento fiable.

Dependiendo del sistema, Android o iPhone, tienes varias maneras de hacer una copia de seguridad de tus archivos.

iOS

Para hacer una copia de seguridad de los archivos de un iPhone, sólo tienes que conectar tu smartphone al puerto USB de un ordenador y desbloquearlo. Entonces verás un explorador de Windows que detalla una parte del árbol de iOS. Primero, mira en la carpeta DCIM: encontrarás tus fotos y videos. Sólo tienes que copiarlos y pegarlos en el disco duro de tu ordenador.

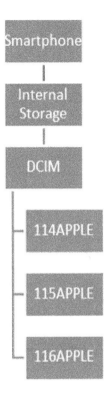

Figure 40 : Estructura del árbol del iOS visto en Windows.

Android

Para hacer una copia de seguridad de los archivos que se encuentran en un teléfono Android, sólo tiene que conectar su smartphone al puerto USB de un ordenador y desbloquearlo. Entonces verá un explorador de Windows que detalla todo el árbol de Android. Primero, mira en la carpeta DCIM: encontrarás tus fotos y videos. Sólo tienes que copiarlos y pegarlos en el disco duro de tu ordenador.

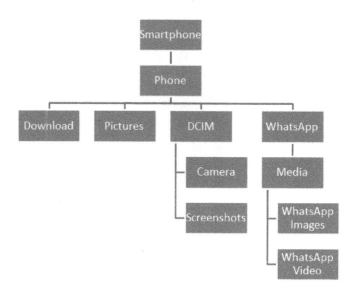

Figure 41 : El árbol de Android en Windows.

Copia de seguridad de la foto en tiempo real

Cada vez más servicios de alojamiento en la nube y fabricantes de NAS están ofreciendo aplicaciones para instalar en tu smartphone para guardar cada foto o vídeo tomado.

Intenta conseguir este tipo de aplicación: hará que tus fotos sean menos vulnerables a la pérdida de tu smartphone. Cada vez que tomes una foto, se almacenará inmediatamente en un NAS o en la nube a través de la red 4G o Wifi.

Figure 42 : Ilustración de un smartphone que guarda sus fotos por sí mismo

Este servicio lo ofrecen los vendedores de NAS, OneDrive, Google Drive, Dropbox y muchos otros...

El ciclo de copia

Como hemos visto, todos los medios de respaldo son falibles. Todos pueden decepcionarte. Puede sonar como una visión sombría de la informática, pero es cierto: ningún medio de almacenamiento es perfecto. Entonces, ¿qué puedes hacer al respecto?

La solución está en las **copias sucesivas**, como indica el documental "¿Nuestros ordenadores tienen poca memoria?" Es decir, asegúrese de tener siempre dos (o más) conjuntos de datos idénticos. Típicamente, se necesita un lugar de almacenamiento primario y uno secundario. Tan pronto como se pierda la información de uno, hay que restaurarla inmediatamente.

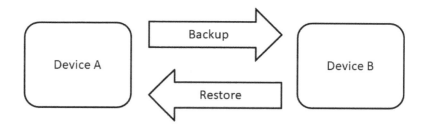

Figure 43 : Ciclo de copia de archivos

Cada vez que tu ordenador muera, comprarás otro y llevarás tus archivos de vuelta al medio de respaldo que elijas.

Por el contrario, cada vez que falte su medio de copia de seguridad (robo, rotura, pérdida, mal funcionamiento, ...), lo restaurará a partir de los datos de su ordenador.

Advertencia: este sistema también tiene un defecto. Si su ordenador y su dispositivo de copia de seguridad están en el mismo lugar, puede perderlo todo en caso de incendio o robo en la casa.

O acepta este riesgo o refuerza sus sistemas de lucha contra el fuego y el robo. O tienes que alojar a tus refuerzos fuera de tu casa.

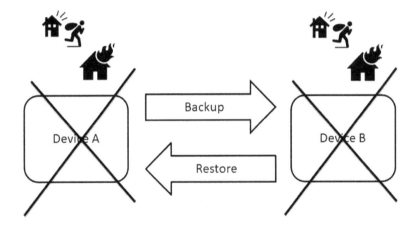

Figure 44 : Se requiere una distancia espacial adecuada para evitar que un incendio o un robo haga desaparecer el dispositivo A y el dispositivo B en el mismo evento

Copiar o sincronizar

Copiar y pegar

Independientemente del medio de almacenamiento elegido para sus copias de seguridad, siempre puede utilizar el viejo método de copiar y pegar para duplicar sus archivos o carpetas. Es muy sencillo, todo el mundo sabe cómo hacerlo: seleccionas las carpetas o los archivos que quieres respaldar y los arrastras al medio de almacenamiento (memoria USB, disco duro externo, ...).

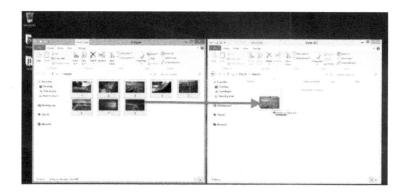

Figure 45 : En caso de que quieras hacer una copia de seguridad de los archivos de un PC a otro dispositivo, debes copiar y pegar los archivos. No arrastrar una gota.

Pero el problema de este método es que la segunda vez que lo intente, ya existirán varios archivos en el medio de respaldo. Windows le advertirá que la copia causará errores.

Por eso es necesario utilizar una herramienta de comparación y sincronización.

Comparación y sincronización

La comparación y sincronización de archivos son técnicas para determinar qué archivos han cambiado desde la última copia de seguridad. La comparación se hará entre los archivos originales y los archivos de copia de seguridad y se compararán uno por uno para determinar lo que hay que hacer. Entonces el paso de sincronización es el que realmente realizará las copias o eliminaciones.

Un buen ejemplo de software de sincronización es FreeFileSync. Es gratis y puede ser descargado de https://www.freefilesync.org/.

Aquí hay un ejemplo de cómo funciona FreeFileSync: el software está compuesto por dos paneles. Cada panel muestra los archivos inexistentes o diferentes del otro lado. Cada uno de ellos representa un dispositivo de almacenamiento, por ejemplo, un PC a la izquierda (letra C de la unidad) y una unidad de disco externo a la derecha (letra D de la unidad).

La primera vez que se utiliza el medio de almacenamiento, éste sigue estando vacío, como se muestra en este ejemplo:

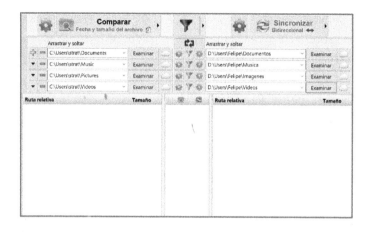

Figure 46 : Los paneles izquierdo y derecho, antes de cualquier comparación de archivos

En la figura anterior, se puede ver que se están comparando 4 parejas de directorios.

`C:\Users\strat\Documents` es comparado con `D:\Users\Felipe\Documentos`.

`C:\Users\strat\Music` es comparado con `D:\Users\Felipe\Musica`.

`C:\Users\strat\Pictures` es comparado con `D:\Users\Felipe\Imagenes`.

`C:\Users\strat\Videos` es comparado con `D:\Users\Felipe\Videos`.

Si lanzamos la comparación, podemos observar las diferencias entre los constituyentes de cada par.

Figure 47 : Las flechas verdes con un "+" indican que estos archivos deben ser copiados del PC (izquierda) al medio de respaldo (derecha).

Ahora, sólo tienes que pulsar "Sincronizar" para lanzar la copia de seguridad. Luego espera al final de la copia.

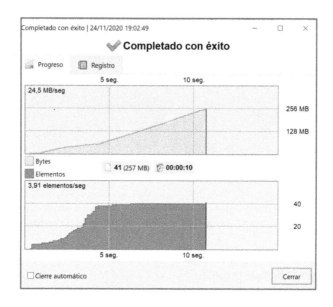

Figure 48 : Fin de copia

La próxima vez, sólo las modificaciones que hayan ocurrido desde entonces, serán detectadas por la comparación.

La nube

Presentación

Una palabra que se ha puesto muy de moda en los últimos años, la "Nube" es el concepto que reúne todas las formas de explotación de las capacidades de almacenamiento de los servidores informáticos remotos a través de la red de Internet. Este concepto debe su nombre a la palabra "nube" en inglés. El hombre que inventó el término en 1996 es George Favaloro. Es un empleado de la compañía Compaq que escribió un memorándum en 1996 diciendo a sus colegas que "Internet tendrá un profundo impacto en los clientes de Compaq". Luego sugirió que su compañía anticipe que muchos servicios que actualmente realizan los dispositivos propiedad de los clientes están migrando a la nube de Internet.

Desde 1977, los informáticos han utilizado el dibujo de una pequeña nube para representar a Internet porque permite dibujar de forma rápida y sencilla "varias computadoras conectadas por Internet sin especificar su ubicación geográfica".

Figure 49 : En los bocetos de ordenador, desde 1977, la nube ha significado "varios ordenadores cuya ubicación geográfica es desconocida".

En los últimos años, las conexiones de alta velocidad a Internet para individuos y empresas han transformado el mundo en una vasta superautopista de la información. Incluso los archivos más grandes pueden viajar del punto A al punto B del planeta en un abrir y cerrar de ojos.

En Francia, la velocidad media de Internet es de 8,9 Mbps... muy por detrás de nuestros vecinos.

La fibra es buena, es genial, es rápida, y, sobre todo, no es... accesible a todo el mundo. Según un estudio de Akamai, la velocidad media de Internet en Francia es de sólo 8,9 Mbps, lo que es muy bajo en comparación con la mayoría de nuestros vecinos europeos. [...]

Figure 50 : Extracto de un artículo publicado el 30/03/2016 (en http://www.cnetfrance.fr)

velocidad media de Internet es baja, 8,9 Mbps significa que un archivo de 1 megabyte tarda un promedio de 1 segundo en llegar a su destino con la mayoría de las conexiones de Internet francesas. Esta velocidad de transferencia ha permitido la democratización de los servicios de alojamiento de archivos remotos como Dropbox o Google Drive.

Estas empresas ofrecen guardar una copia de sus archivos en sus servidores, de forma gratuita o contra pago, sin decirle dónde se encuentran. Por razones comerciales y de seguridad, ninguna empresa de alojamiento de archivos especifica dónde se encuentran sus servidores. La mayoría de los consumidores no quieren saber.

Tal vez la nube debería, después de todo, ser representada no por una nube sino por un gran signo de interrogación.

En realidad, las instalaciones de almacenamiento son grandes almacenes con aire acondicionado en los que se alinean cientos de computadoras que parecen grandes armarios.

Estos repositorios almacenan múltiples versiones de sus archivos por duplicado o incluso por triplicado. En el caso de un incendio en uno de estos almacenes, probablemente ni siquiera lo sabrías por dos razones:

- Otro almacén idéntico al primero tomaría el relevo gracias a la copia de seguridad de sus archivos,
- La empresa, con el fin de proteger su imagen de marca, haría todo lo posible para que nunca se enterara de la destrucción de sus instalaciones.

En la jerga de la informática, estos grandes almacenes se llaman **centros de datos**. Son grandes, pesadas, de gran consumo de energía y cargadas con equipos informáticos. Sus puertas están bien custodiadas y sus paredes están blindadas. Esto es exactamente lo opuesto a la imagen de "nube" asociada a ellos.

Figure 52 : Un centro de datos es un enorme almacén

Figure 53 : Los datos de los clientes se almacenan en discos duros apilados en estos grandes gabinetes de computadora que están en funcionamiento las 24 horas del día, los 7 días de la semana.

Estas empresas establecen muchos controles tecnológicos para asegurar dos cosas cruciales para sus clientes:

- Archivar los archivos durante el mayor tiempo posible,
- Disponibilidad de los archivos a cualquier hora del día o de la noche.

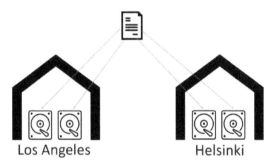

Figure 54 : Gracias a la redundancia de los discos duros y a la redundancia de los centros de datos, sus archivos existen en varios lugares y, por lo tanto, siguen

estando disponibles con una excelente tasa de fiabilidad incluso en caso de desastre.

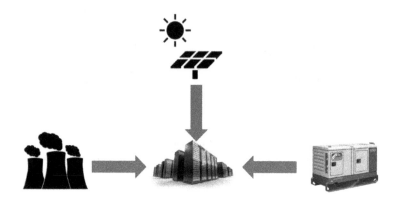

Figure 55 : Los centros de datos son lugares muy intensivos en energía. Están directamente conectados a poderosas plantas de energía, así como a fuentes de energía renovable para dar una imagen "ecológica" a su servicio. Por último, la mayoría de ellos también están equipados con un generador diesel

A pesar de todas las precauciones tomadas por las empresas de almacenamiento en línea, vale la pena recordar que siempre debe tener una copia de todos los archivos que les confíe. La actitud de no tener nada en el ordenador y enviarlo todo a la nube sería estúpida.

Piensa de nuevo en el ciclo de copia.

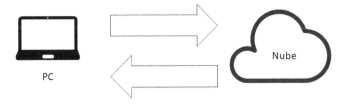

Figure 56 : Si tu ordenador se bloquea, la nube devolverá todos tus archivos. Por el contrario, si la nube falla, todos sus archivos ya estarán en casa en su ordenador.

¿Pero por qué fallaría la nube?

Por una variedad de razones.

- La suscripción se terminó por falta de pago.
- Fallo en el servicio global del proveedor de alojamiento.
- Problema de conexión a la red.
- Fallo en la infraestructura de Internet situada entre el centro de datos y usted.
- Destrucción del centro de datos (guerra, terremoto, tornado...)

Sin embargo, en circunstancias normales, debemos admitir que estos servicios funcionan muy bien y hacen que sus datos sean omnipresentes.

¿Cuáles son las ventajas de los servicios de alojamiento en la nube?

1. **Ubicuidad**. Sus archivos están disponibles en cualquier parte del mundo y en todo tipo de dispositivos como teléfonos inteligentes, tabletas y computadoras.
2. **Disponibilidad inmediata**. A diferencia de las memorias USB o los discos duros externos que requieren una conexión manual, los servicios en la nube están disponibles en todo momento sin ninguna acción humana de su parte.
3. **No hay ningún riesgo material para usted**. Aunque nadie quiere sufrir un robo, daños por agua o fuego en su casa, tener sus archivos copiados en una nube es una forma de seguro contra estas pérdidas.
4. Almacenamiento **flexible**. A medida que añada más archivos, simplemente suscríbase a un paquete más alto para obtener más espacio de almacenamiento del proveedor de hospedaje.

¿Cuánto cuesta?

Los precios son muy diferentes de un proveedor de hospedaje a otro porque compiten ferozmente por sus datos. Aquí hay algunos ejemplos de precios en junio de 2017.

Precios de Google drive:

Capacidad	15 GB	100 GB	200 GB

Precio	Gratis	1.99 €/mes	2.99 €/mes

Precios de OneDrive drive:

Capacidad	*5 GB*	*100 GB*	*1 TB*
Precio	Free	2 €/mes	69 €/año

Precios de Dropbox:

Capacidad	*2 TB*	*3 TB*	*5 TB*
Precio	9.99 €/mes	16.58 €/mes	10 €/usuario /mes

Precios de Amazon Drive:

Capacidad	*5 GB*	*100 GB*	*1 TB*
Precio	Gratis	1.99 €/mes	9.99 €/mes

¿Cómo suscribirse?

Es bastante simple: vaya al sitio web de una de las empresas de alojamiento de archivos (hay cientos de ellas) y busque las palabras "subscribe", "subscribe", "subscribe", etc...

De antemano, no dude en comparar las ofertas y leer las condiciones especiales.

Y si quieres jugar la carta patriótica, averigua si los centros de datos del servicio se encuentran en Francia. Por ejemplo, la compañía OpenHost ha elegido ofrecer sólo alojamiento de centros de datos en Francia.

Empezando con tu servicio de alojamiento en la nube

Una vez que te has suscrito a un servicio de alojamiento en la nube, obtienes espacio de almacenamiento de tu proveedor de alojamiento. Este espacio de almacenamiento es accesible a través de una dirección URL.

Por ejemplo https://drive.google.com/drive/my-drive para Google Drive:

Figure 57 : Por el momento no hay ningún archivo

Otro ejemplo es https://onedrive.live.com para Microsoft OneDrive:

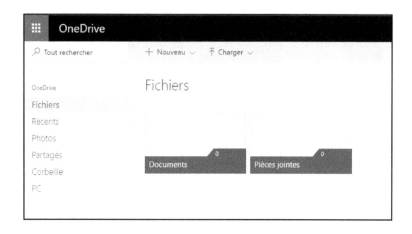

Figure 58 : Por el momento no hay ningún archivo

Ahora necesitas instalar el pequeño módulo para sincronizar tus archivos. Es un programa que se ejecutará regularmente en tu ordenador para reflejar en tiempo real todas tus creaciones, modificaciones y eliminaciones de archivos a la Nube.

Para conseguir este sincronizador, no debería tener ninguna dificultad: el sincronizador de Microsoft OneDrive ya existe en todos los ordenadores con Windows 8 o 10 en todo el mundo.

Para otros, busque los enlaces "Obtener aplicaciones" o "Descargar unidad para PC", normalmente en la parte inferior izquierda de las páginas web.

Por ejemplo, en Google Drive, tienes esta página: https://www.google.com/drive/download/

Figure 59 : Página de descarga de Google Drive para PC

Haga clic en "Descargar para PC" para obtener el siguiente archivo de instalación:

Figure 60 : Para PC, el software a instalar es un pequeño EXE

Haga doble clic en él para instalarlo y luego siga el cuestionario de instalación.

En algún momento, se le pedirá el nombre de usuario y la contraseña de su cuenta para autentificar su conexión a la Nube.

Una vez conectado, Google Drive le dirá que se ha creado una carpeta "Google Drive" en su ordenador. A partir de ahora es esta carpeta la que proporcionará la puerta de sincronización entre su ordenador y la nube. Todo en esta carpeta también estará en la nube y viceversa.

El procedimiento es el mismo para OneDrive.

Figure 61 : La primera vez que pongas archivos y carpetas en la carpeta de la nube en tu PC, se subirán inmediatamente a la nube correspondiente.

Advertencia: depende de ti saber si te has suscrito a espacio suficiente para todos tus archivos. Si excede el espacio que se le ha asignado en la nube, se arriesga a errores de operación o a un aumento de precio. Asegúrese de medir el tamaño de sus archivos antes de suscribirse.

Ahora puedes arrastrar y soltar tus cuatro carpetas -Música, Documentos, Vídeos e Imágenes- a la carpeta de Google Drive (o OneDrive, o Dropbox, lo que sea).

Atención: para OneDrive, al final de la instalación en Windows, ¡sus Documentos e Imágenes se mueven automáticamente a OneDrive! ¡No esperan a que les des tu opinión!

Figure 62 : Mueva sus carpetas existentes dentro de la carpeta del proveedor de la nube. (¡No copiar! Mover).

Cuando un archivo o carpeta está en camino a la Nube, verás un pequeño círculo azul en su icono:

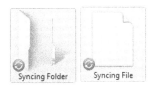

Figure 63 : La carpeta se está sincronizando

Por otra parte, si el icono tiene una pequeña marca verde significa que la sincronización se ha completado y por lo tanto el archivo o carpeta es exactamente el mismo en el ordenador y en la nube.

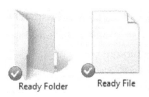

Ready Folder   Ready File

Figure 64 : Carpeta totalmente sincronizada

El tiempo de sincronización depende de la velocidad de tu conexión a Internet y del tamaño de los archivos que tengas. Por lo tanto, puede tomar un minuto, una hora, un día, una semana...

Se desaconseja fuertemente tener una conexión DSL para usar el alojamiento en la nube. Es demasiado lento. La fibra o DOCSIS (internet por cable) son las mejores opciones.

Una vez que la sincronización se haya completado, encontrará que todos sus archivos han llegado a la Nube:

Figure 65 : Vista web de tu espacio en Google Drive

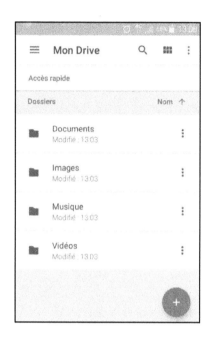

Figure 66 : Vista de Android de tu espacio en Google Drive

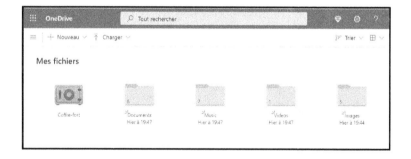

Figure 67 : Vista web de tu espacio en One Drive

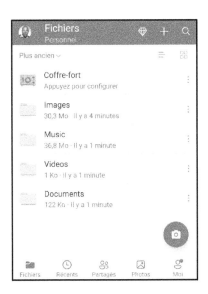

Figure 68 : Vista de Android de tu espacio en One Drive

Todo lo que tienes que hacer ahora es usar tus archivos como lo hacías antes. Cualquier cosa que les pase se reflejará en la Nube.

Acción	Repercusiones en la nube
Crear un archivo	Creando el archivo en la nube
Renombrar un archivo	Renombrar el archivo en la nube
Mover un archivo	Mover el archivo a la nube
Editar un archivo	Modificación + versionado
Borrar un archivo	Basura

Versiones

Gracias al versionado, podrás encontrar las versiones antiguas de cada archivo. Esto es útil si has cambiado accidentalmente una frase en un documento de Word y no puedes recordar lo que se marcó antes.

Para ello, vaya a la página web de su servicio de alojamiento y haga clic con el botón derecho del ratón en el archivo y entre en el menú "Administrar versiones":

Figure 69 : El administrador de las versiones en Google Drive

¿Y cómo cambio de anfitrión?

Como con cualquier servicio al que se suscriba, es posible cancelar y cambiar a un competidor. El procedimiento es muy simple.

1. En primer lugar, suscríbase a una nueva suscripción con el competidor X.
2. Descargue e instale el software de sincronización X en su PC.
3. Mueve todo el contenido de la carpeta de tu host actual a la carpeta X.

Automáticamente, el host que tenías antes pondrá todos tus archivos en la papelera de reciclaje y no los sincronizará más. Por otro lado, tu nuevo anfitrión, X, copiará todos tus archivos a su nube.

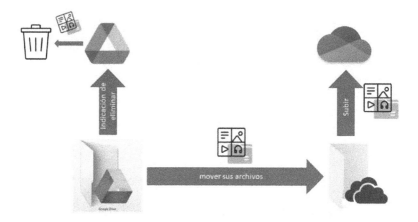

Figure 70 : Para cambiar a un nuevo host de nube, sólo tienes que mover tus archivos de la carpeta de nube A a la carpeta de nube B en tu PC

Restable una copia de seguridad

A lo largo de este libro, se han discutido las técnicas para hacer copias de seguridad del sistema o de los archivos de usuario. Ahora es el momento de aprender a utilizar estas copias de seguridad en caso de desastre. Hay un número de escenarios diferentes.

ADVERTENCIA: Si no se siente cómodo con la manipulación inusual de la computadora, no se ponga en marcha y contacte con un reparador de computadoras, ¡o haga cumplir la garantía de su dispositivo!

Si accidentalmente ha perdido o modificado un archivo

Es la situación más fácil: entra en tu dispositivo de copia de seguridad y busca el archivo y luego cópialo y pégalo de nuevo.

Si su ordenador ha sido robado o perdido

En esta situación, tendrá que empezar comprando un nuevo ordenador, preferiblemente con el mismo sistema operativo que el anterior (Windows o MacOS).

Como el dispositivo será totalmente nuevo y diferente del anterior, las copias de seguridad del sistema no te ayudarán en absoluto. Simplemente enciende el nuevo ordenador y conéctalo a tu dispositivo de copia de seguridad de archivos de usuario (nube, NAS, lápiz USB, CD, DVD o disco duro externo).

Luego copie manualmente los archivos deseados de la copia de seguridad al nuevo ordenador.

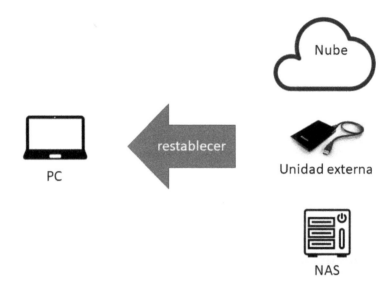

Figure 71 : La restauración manual es sencilla: conéctese a un NAS o a una unidad de nube, o conecte una unidad externa y podrá recuperar sus archivos.

Si su ordenador se ha dañado (agua, fuego, rotura)

Puede llevar su dispositivo a un laboratorio de recuperación de datos, a un taller de reparación de ordenadores o comprar un ordenador nuevo.

Si el reparador o el laboratorio puede hacer que su ordenador vuelva a funcionar, es posible que no necesite una copia de seguridad. Pero si no lo hacen, eres tan malo como antes.

Si su ordenador es víctima de un virus o si Windows deja de arrancar

Este es el caso típico cuando necesitas restaurar Windows.

Advertencia: las operaciones descritas a continuación pueden cambiar de una versión de Windows a otra y pueden cambiar la secuencia sin que este libro sea actualizado. De nuevo, si se siente incómodo, deje que un profesional le restaure el dispositivo.

Inserte un CD de reparación de Windows en la unidad de CD y reinicie. Si su computadora no tiene una unidad óptica, necesitará una unidad de CD externa para conectar a un USB o bien otra computadora para copiar el CD de reparación en una memoria USB.

O

Entra en el cuadro de búsqueda de Windows y escribe "update" para abrir el panel de Windows Update.

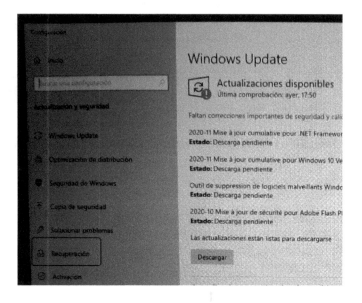

Figure 72 : Haga clic en "Recuperación" (a la izquierda).

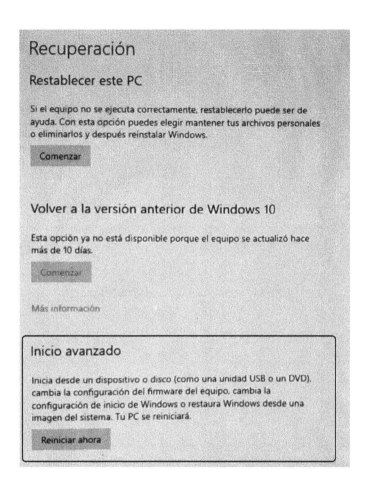

Figure 73 : Luego, haga clic en "Reiniciar ahora". El ordenador se iniciará de nuevo y mostrará un menú azul.

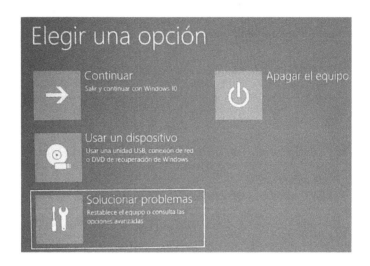

Figure 74 : Haga clic en "Solucionar problemas"

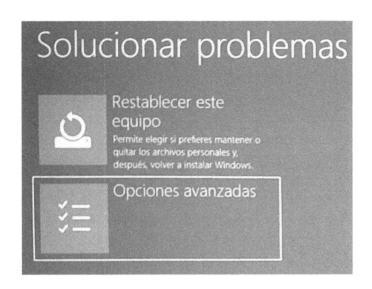

Figure 75 : Haga clic en "Opciones avanzadas"

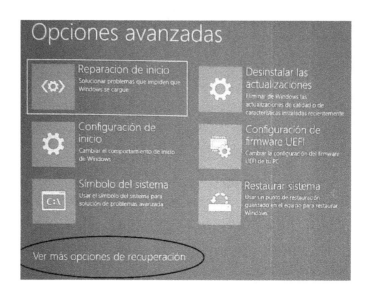

Figure 76 : Haga clic en "Ver más opciones de recuperación"

Figure 77 : Haga clic en "Recuperación de imágen del sistema"

Figure 78 : Ahora, conecte su dispositivo externo que contiene la copia de seguridad del sistema y siga los siguientes pasos. Al final, tu ordenador será el mismo que el día en que realizaste la copia de seguridad.

Es todo.

Conclusión

Este libro ha tratado de meterte en el club muy abierto de la gente que hace copias de seguridad de sus archivos de ordenador. El lector de este libro recordará sin duda que ningún sistema de respaldo es infalible o gratuito, pero que es mejor tratar de hacer un respaldo que no hacer nada en absoluto.

NAS, servicios de alojamiento en la nube y discos duros externos son los tres principales modos de copia de seguridad.

- Los NAS son caros de comprar, pero son gratis de usar. Requieren un poco de configuración, lo que tenderá a desanimar un poco al público en general. Sin embargo, garantizan el almacenamiento en casa de todos sus archivos.

- Los servicios de alojamiento en la nube son las soluciones más fáciles de implementar porque no hay hardware que comprar. Por otro lado, conllevan cuotas mensuales o anuales para los usuarios. Estos servicios tienen una gran opacidad y no permiten saber dónde se encuentran los archivos geográficamente.

- El disco duro externo es un hardware barato que permite grandes capacidades de almacenamiento. Fácil de usar, también es, desafortunadamente, fácil de perder o robar. Aparte del alto riesgo de rotura al caer, son bastante robustos.

La frecuencia de la copia de seguridad es también un elemento clave de su eficiencia: si no haces una copia de seguridad de tus datos a menudo es como no hacer nada.

Por último, la copia de seguridad puede ser una oportunidad para hacer sus datos más omnipresentes: siempre accesibles en su bolsillo. ¡No sólo están tus archivos en un lugar seguro y por lo tanto te seguirán durante toda tu vida, sino que te seguirán dondequiera que vayas!

Referencias

http://www.futura-sciences.com/tech/actualites/informatique-cd-dvd-enregistrables-sont-tres-mauvais-supports-archivage-23209/

http://www.latribune.fr/actualites/economie/20131129trib000798527/en-jetant-son-vieil-ordinateur-il-perd-plus-de-7-millions-de-dollars-en-bitcoins.html

http://france3-regions.francetvinfo.fr/hauts-de-france/on-vole-son-ordinateur-photos-son-mari-decede-sa-famille-lance-appel-facebook-1227933.html

http://www.ipwatchdog.com/2016/05/11/micro-economic-estimate-reasonable-royalty-rate-standard-essential-patents/id=68827/

https://fr.wikipedia.org/wiki/Disquette

https://fr.wikipedia.org/wiki/Disque_compact_enregistrable

https://fr.wikipedia.org/wiki/Disque_dur

https://en.wikipedia.org/wiki/Magnetic_tape_data_storage

http://www.lefigaro.fr/secteur/high-tech/2015/02/02/32001-20150202ARTFIG00165-la-

meilleure-solution-pour-sauvegarder-vos-fichiers-
informatiques.php

http://www.arte.tv/fr/videos/050717-000-A/nos-
ordinateurs-ont-ils-la-memoire-courte

https://fr.wikipedia.org/wiki/Cloud_computing

http://www.cnetfrance.fr/news/en-france-le-debit-
internet-moyen-est-de-89-mbps-loin-derriere-nos-
voisins-39834836.htm

https://gigaom.com/2011/08/22/the-latest-leed-
platinum-data-center-courtesy-of-vantage/

http://www.datacenterknowledge.com/solar-powered-
data-centers/

https://www.lesechos.fr/tech-
medias/hightech/0212076838259-une-centaine-de-pays-
touches-par-une-cyberattaque-mondiale-2086484.php

https://lecrabeinfo.net/creer-image-systeme-
windows-10-8-7.html

https://www.openhost-network.com/choisir-
hebergement-cloud-france/

http://www.iphon.fr/post/tuto-pratique-ios-5-
comment-faire-synchro-sans-fil-iphone-ipod-touch

https://www.freefilesync.org/